2. Auflage, August 2022
Copyright © 2022 Reinhold Jordan

Titel: Ausschnitt aus dem Gemälde „Dazwischen" von
Ulrike Kuborn
Alle Rechte vorbehalten.

Herstellung und Verlag:
BoD – Books on Demand, Norderstedt
Printed in Germany
ISBN 9783756800919

Reinhold Jordan

Flussgesänge

Wer kann uns
so wie wir

die Sterne sehen?

Am Fluss

Am Fluss verweile ich,
ein bisschen weltverloren,
ich geb' es gerne zu –

Vergangenheit und Einsamkeit,
Erinnerungen fließen mir
bisweilen zu

und mitunter – da bin ich froh –
durchströmt mich auch
ein helles Licht

und dann erscheint's mir so:
am Fluss verweile ich
und alles fließt mir zu

Klares Wasser sei die Zeit

Kühl umspülter Kieselgrund,
voll unlesbarer Spuren.
Spiegel ohne Bild,
zahlenlose Uhren.

Wellenlinien im Gespinst,
Gischt und Wogenschläge.
Bewegung auf dem Wege,
Begegnung ohne Wiederkehr.

Klares Wasser sei die Zeit.
Ein reines Fließen, Strömen.
Quelle, Mündung, Übergang,
In Myriaden und Äonen.

Ins Land

Du gabst mir einen Ton.
Ich sang.

Du zeichnetest Bilder auf das Firmament.
Ich sah mich selbst.

Du schenktest mir Dein schönstes Schweigen.
Ich hörte eine Stimme mit wundervollem Klang.

Du hieltest meine Hand.
Ich suchte keinen Halt.

Du warfst mich nach vorne in die Fluten.
Ich spielte mit dem Wellengang.

Du warst schon da im schäumenden Gespinst.
Ich ließ mich tragen.

Du warst nur Du selbst.
Ich strömte – flussauf und auch flussab.

Du warst mir jederzeit gleich auf und doch voraus. Ich
hatte keine Eile.

Du verschwendetest keinen einzigen Gedanken.
Ich dankte diesem Tag für sein Entstehen.

So gingen wir ins Land
auf allerschönste Weise.

Es neu gewinnend
auf ungewisser Reise.

I.

Das Land
ist nur ein Übergang
zwischen den Meeren.

Ankunft

Das ist Deine Zeit,
Dein Heim.

Auch wenn Du es vergessen hast:
Du hast gewählt,
Dich selbst geformt, geschaffen.

Das ist Deine Zeit,
Dein Heim.

Lebe Deine Fülle,
gründe Deine Welt.
Wirke durch Dich selbst.

Und sei Verbindung
durch den Raum.

Schaffe Deine Relation
und darin sei genau
im Grenzgebiet, im Übergang –

dort folge dem Verlauf – und
wo keine Unterscheidung,

kein Zwischenraum,
reiner Zusammenhang sich zeigt,
da berühre dann die Zeit.

So schaffe Dir Dein wahres Land!

Teile und sei Teil,
denn nie kann es etwas anderes geben!

So schaffe Gründe,
lass sie sich selbst schichten, trage bei.

So gründe Dich und Deine Welt!

Lagerstatt

Hier nun schlag
Dein Lager
auf, mein Freund.
Verweile.

Unter dem weiten Himmelszelt.
Unter dem hohen Sternenbogen.

Siehe nur:
Das ist Dein Land.

Du bist geborgen.

Sternenzeichen

Wir stellten Bojen
in die Zeit
markierten uns
den richtungslosen Raum.

Wir zogen
einen weiten Kreis
und Linien
in das Himmelszelt.

Wir schafften Zeichen uns aus
unbekannten Punkten
und glaubten
einen Weg gefunden.

Zu groß schien uns die Welt

Sehnsucht

Spanne einen Bogen
in die Ferne,
schicke Deinen Pfeil.

Sei Flug und Flügelschlag in einem.

Sei Anfang
und sei Ende.

Ungeteilter Raum.

Nähe

Unbekannter Hafen,
unbenanntes Meer –
was von beidem bloß ist näher mir?

Unbekannter Hafen
an einem unbekannten Meer –

nur den Schiffen gab ich Namen,
so war die Welt ein Stückchen näher mir.

II.

Welche Welle hatte mich erfasst,
dass mir meine Welt entschwandt?

Quelle
Ein Wunder für die oberird'sche Welt

Nicht aus dem Nichts

doch von dem einen zu dem and'ren Element
kommst Du an unser Licht.

Welch' unsichtbare Kraft zog Dich empor
gegen so viel Erdgewicht?

Was stieß Dich an,
Gestein zu übersteigen?

Und wer kann sagen,
wo Dein wahrer, tiefster Ursprung ist?

Quelle, wo ist Dein Beginn?

Wolken – Wasser – Erde

Wolken,
die wie immer nur das eine tun:
weiterziehen –

sie spiegeln sich im Element.

Wasser,
das den Wolken gleich
gen' Mündung seinen Weg hat
eingeschlagen,

umspült die trotzig braune

Erde.
Sie widersteht
– für den Moment.

So stehe ich am Fluss – wieder.

Fliegen. Fließen. Stehen.
Und in großer Rotation gefangen.

Strömen

Ich verschwimme in den Strudeln.
Ich verschwinde in der Gischt.

Ich ströme hin in Linien.
Ich verfließe mit dem Licht.

Ich weiß, so sehr ich es auch sehne:
Es gibt kein bleibendes Gesicht.

Ich schwimme

Ich schwimme in die Gegenwart.
Vergangenheit perlt ab.
Jede Welle ist mir ein Geschenk.

Ich schwimme in die Gegenwart.
Das Meer erwartet mich,
der Große Ozean.

Wellensang

Ton für Ton ein Quell –
so bricht er
ohne Unterlass
durch sich selbst hindurch.

Überschlägt sich.
An scheinbar unwegbaren Stellen.

Wellensang.

Spiegelbilder

Und sieh:
ALLES spiegelt sich
im Fluss.

Bis hin in letzte
Myriaden.

In jedem Tropfen,
im fernsten Wehr,
in dem das Licht
sich bricht:

da spiegelt sich's.

Was die Wolken uns erzählen:
Nirgendwo am Himmel kann man stehen.

Vorüber-Ziehen

Vergiss nicht den Himmel über Dir

und wenn Dir danach zumute ist,
dann steige ruhig empor
ins blaue Firmament.

Lass jeden Schritt Dir
auf der unsichtbaren Leiter
eine Erstbesteigung sein

und von den Wolken,
die den Stimmungen des Windes
widerspruchslos folgen –
da lass Dich treiben.

So werde ein Experte im Vorüber-Ziehen.

Abschied

Komm, lass uns weiterziehen!
Was ist Bleiben?
Was Bestehen?
Es gibt kein Wiedersehen.

Die Welt ist nur ein Traum.
Erinnerungsloser Raum.
Bilder, die uns fliehen.
Komm, lass uns weiterziehen!

Freunde, wacht!
Kein Abschied
und kein Schmerz.
Eine Quelle nur, ein Fluss.

Und Millionen Wellen.

III.

Liebe

fand vielfältigste Form
und blieb

so oft
doch unerkannt.

Wind und Welt

Wind und Welt

Stets sich ändernd
Stets sich wandelnd

Aus welchem Element … ?

Wo kein Davor und kein Danach je gilt.
Wo einzeln sich nie ein Bild einprägt.
Wo auch das Folgende nur folgt – nie bleibt.

Wind und Welt

Aus welchem Element
entstand mein Sinnen,

das nun greifen will nach Dir?

Entfernung

Wo ist ihr Beginn?

Wo das Nadelöhr
an dem Bekanntes
sich entgegen kehrt
und übergeht?

An welcher Naht
verbindet sich
erreichter mit
noch unerreichtem Ort?

Kann man der Ferne nahe sein?
Und was heißt frei von aller Ferne sein?

Ereignis

Ist es ein Kreis, der uns erwartet?

Sind es Linien
querfeldein durch Raum und Zeit,

die wir selbst uns zeichnen
nur indem wir sind?

Was ist es, dem wir ohne Wissen folgen?
Was tritt ein? Was kommt zusammen?

Sind wir es die geschehen?

Verlass'ner Raum

Raum,
sich selbst verborgen, überlassen –
welch' Sinn wär' nötig ihn zu greifen?

Wo ist das Geschehen,
das noch eben ihn erfüllte?
Wo zog es hin?

Und gibt es Augen,
die es noch immer sehen?

Wunder

Dann formierte sich
die Welt auf neue Weise

und ein Geheimnis wurde offenbar:
Alles war an seinem Platz.

Nie gab es etwas zu verstehen:
Was sich zeigte, war von Anfang an ein Wunder.

Wellenkind

... und doch:

Manch einer unter uns,
der ward geworfen
ungeborgen an den Fluss –

dem Verlauf
ganz ausgesetzt

ein Findel- und ein Strudel- ,
ein Wind- und auch ein Wellenkind ...

Wünsche

Lass die Wünsche
sacht an Dir vorüber ziehen,

folge ihnen ruhig
ein Stück des Wegs –

doch dann, dann lass sie ziehen.

Und schicke ihnen den letzten
aller Wünsche hinterher:

Dass sie in Erfüllung gehen!

Ich sah den Großen Wagen

Ich sah
den Großen Wagen
über mir
am Himmel stehen.

Ich sah ihn
wie aus alten Tagen –

als ob vor langer Zeit
sein Bild für immer seinen Weg
in meine Seele fand
und mich begleitet hat in all den Tagen.

Ich sah
den Großen Wagen –
über mir
am Himmel stehen

und Du – ja Du! – lagst neben mir.

Quellensuche

Ich hab's ja nicht gewusst,
dass jederzeit im Fluss
ich doch nur den Weg zur Quelle suchte.

Ich hab's ja nicht geahnt,
dass die Quelle keinen Anfang
und kein Ende kennt.

Nur die Suche.

IV.

Erst wenn wir münden,
gibt es kein Dazwischen mehr.

Für Uli

Zwei Blätter in einem Bach

Zwei Blätter, die wir einst warfen
in einen kleinen Bach,
um zu erfragen,
was das Schicksal sagt –

weißt du's noch?

Zwei Blätter, bunt,
vom gleichen Baume
gefallen zwischen Ufersteinen,
die wir aufgelesen –

das eine du, das and're ich.
So hielten wir sie,
um zu erfragen,
was es mit uns auf sich hat –

Dann ließen wir sie fallen,
zusammen – im gleichen Augenblick.
Sie schwebten ohne Eile,
der Antwort wohl voraus – ins kühle Nass

und – oh Freude – umkreisten sich
ganz wie im lustigen Tanze,
und dann riefst Du: „Schau nur:
Jetzt küssen sie sich!"

Zwei Blätter einst in einem Bach,
das eine du, das and're ich.
Es war so still an diesem Platz.
Das Licht fiel durch das Blätterdach

und leise sprach's all überall.
Die beiden Blätter spielten,
kreisten umeinander und blieben
zu unserer Freude

eine ganze Weile beieinander.
Doch dann war da ein kleiner Sog,
das eins der beiden Blätter zu sich zog
und das andere folgte nicht.

Es rang am Rande des Gewässers
im Schutz der Böschung
mit den Wellen – es wollte wohl
flußaufwärts schwimmen.

Doch das sollte so nicht stimmen
und du riefst: „Mach' schon,
beeile Dich, sonst bin ich weg!"
Doch dein Rufen blieb ungehört.

Das Blatt, das nun dem Soge folgte,
entfernte sich zu einem Wehr,
wo es zu warten schien und ruhte.
Das and're, das nach oben zog hingegen,

mühte sich gar sehr. Es wollte
Strudel überwinden, listig sein,
es nutze jede Gegenströmung und zog
in kleinen Zügen am Rande sich empor.

Und du, du riefst:
„Komme doch, ich warte noch
beeile Dich, jetzt ist noch Zeit,
ich liebe Dich … "

Das and're Blatt, das war wohl ich,
blieb stur und kämpfte an.
Doch am Wehr, da blies der Wind
und eine Böe, die den Weg zum Blatte fand

nahm's mit zum nächsten Lauf
in eine kleine schnelle Strömungsspur.
„Ich gehe mit dem Fluss" riefst du.
Das and're Blatt, so schien es, schaute zu.

Auch wenn es eine Weile brauchte,
sah es ein, das gegen jede Strömung
der Kampf unmöglich sei. Mit einem Mal
war's frei und schoss dem einen hinterher …

Zwei Blätter einst in einem Bach,
das eine du, das and're ich.
Beide schwammen fort, und
ich wünschte sehr zu einem Ort

wo sie immerzu und immerfort
und immer wieder fänden sich –

das eine du, das and're ich.

Erinnern

Wenn sich erinnern,
dann an die Insignien der Liebe.

Ohne Titel

Und es sind doch immer nur
die Wolken,
die vorüber ziehen
in Licht gefasst und helles Blau

und es sind doch immer nur
die Sterne,
hell und klar
wie nichts auf Erden,
die uns stumme Zeichen geben

und es ist doch immer nur
der Horizont,
der nur so tut
als sei die Welt begrenzt

Nichts,
worin es sich verfängt,
ein reines Fließen, Wehen
und kein Element,
das es je hält.

Wonach willst Du greifen?

Sterne, die wie Augen selbst
vom Himmel schauen.

Schau durch sie hindurch
und lass sie Deine Augen sein.

Würdigung – zur Erinerung an Gerda Siefahrt

Diese Gedichte wären wohl nie entstanden, wenn mich Gerda Siefahrt im Jahre 2003 nicht motivitiert hätte, an einem Symposium teilzunehmen, bei dem auch befreundete Künstler, die zu dieser Zeit noch in der Rhön lebten, ebenfalls beteiligt waren. Das Symposium hatte den Namen „Atmosphären" und fand in der Alten Weberei in Weyhers statt. Gerda hatte dieses Gebäude gekauft und lebte dort.

Im Rahmen dieses Symposiums wollte sie ein Projekt umsetzen, und sie fragte mich, ob ich ihr helfen könnte. Das tat ich dann auch. Und im nachhinein glaube ich, es war vielleicht ein kleiner „Trick" von ihr, um mich zu motivieren auch teilzunehmen.

Sie wollte eine Art Nomadenzelt bauen an dem nahe gelegenen Flüsschen „Lütter". Dort werkelten wir also mit Planen herum und versuchten, mehr recht als schlecht, etwas aufzubauen. Während unseres Tuns dann meinte ich so langsam zu verstehen, worum es ihr ging. Nomadenzelte als flüchtige Heimstatt von Menschen, die immer unterwegs sind - und auch als eine Metapher für das Nomadenhafte des Mensch-Seins, im „Unterwegs-sein" durch die Zeit und dem stetigen Suchen und Sehnen, nach einem Zuhause, nach Schutz, nach Halt, nach Geborgenheit - so jedenfalls kam es bei mir an. Etwas in mir resonierte mit diesem Thema sehr, und so entstand das erste Gedicht „Lagerstatt".
Und dann nahm die Inspiration ihren Lauf und nahm mich mit an diesen Tagen ...

Diesen Gedichtband gäbe es nicht ohne Dich Gerda! Nach so vielen Jahren noch mal ein Danke an Dich, wo auch immer Du weilst! Uns verband etwas besonderes und nicht selten war Dein Haus und Deine Küche auch eine „Lagerstatt" für mich und andere!

Gerda Siefahrt starb im Jahre 2012 in der Alten Weberei in Weyhers. Ihre Asche weilt auf einem Familendomizil in Griechenland, wo sie gerne und oft hinreiste.

Reinhold Jordan

Reinhold Jordan wurde 1961 in Fulda geboren.
Er studierte Germanistik, Philosophie und Kommu-
nikationswissenschaft an der TU Berlin.
„Flussgesänge" ist nach „Lichtjahre" sein zweiter
Gedichtband und er ist Autor des Romans
„Säm und das Ende der Fragen" (2016).